Jaloux !

Pour Noam et Sacha,
deux frères pas jaloux du tout !
M.

www.flammarion-jeunesse.fr
www.jesuisencp.fr

Couleurs : Emmanuel Ristord et Sarah Murat

Éditions Flammarion – 87, quai Panhard-et-Levassor – 75647 Paris Cedex 13
ISBN : 9782080236135 – N° d'édition : L.01EJEN001876.N001
Dépôt légal : septembre 2021
Imprimé en Espagne par Liberdúplex – août 2021
Loi n° 49-956 du 16 juillet 1949 sur les publications destinées à la jeunesse

Jaloux !

Texte de
Magdalena

Illustrations
d'**Emmanuel Ristord**

CASTOR POCHE

Notre classe de CP

Pour lire l'histoire, tourne la page !
Pour des activités autour de la lecture, va page 34 !

Aujourd'hui, rien ne va !
Le coiffeur a coupé
les cheveux de Noé.
Mais maintenant,
Noé veut des cheveux longs
comme ses sœurs.

En partant pour l'école,
Noé n'aime plus son cartable.
Il veut un sac à dos
comme ses sœurs !

Devant le portail, Noé fait la tête.
Il est sûr que papa préfère Ana
et que maman préfère Léa.
Il est jaloux !

En classe, Noé copie une poésie.
Mais Léa écrit mieux que lui.
Et Ana dessine mieux que lui.
Noé est jaloux !

Tu es jaloux ?
Non, pas du tout !
Tu es jaloux de
nous !
Moi ? Mais pas du
tout !
Oh ça m'étonne !
Et toi ?

Ana lit la poésie.
Noé est jaloux.
Il demande :
« Et moi ?
– Après, si tu veux »,
répond Maîtresse Julie.

À la récréation, Bob joue au loup
avec Léa et Ana.
« Pourquoi tu joues pas avec moi ?
dit Noé à Bob.
– Joue avec nous ! » répond Léa.

À la cantine, Noé trouve
sa part de tarte plus petite
que celle de ses sœurs.
Noé dit à Tim :
« La dame de la cantine préfère
les filles ! »

L’après-midi,
Noé n’arrive pas à compter.
« Je t’aide ? demande Ana.
– Je t’aide aussi, j’ai fini !
propose Léa.
– Non, je sais faire ! »

Noé est fâché de finir en dernier.

2 + 2 + 2 = 6
1 + 1 + 1 = 3
3 + 2 + 3 =
3 + 0 + 1 = 4
4 + 3 + 2 =
2 + 4 + 4 =
1 + 1 + 3 =

À la récré, Mia dit :
« Noé est jaloux de vous.
– Jaloux de nous ? s'étonne Léa.
– C'est vrai, il n'est pas comme d'habitude, dit Ana.
– On va aller le voir ! »
s'écrient les deux sœurs.

Ana et Léa demandent à Noé :
« Tu joues avec nous ? »

Noé boude. Il répond :
« Non, pas aujourd'hui ! »

Léa et Ana tournent
autour du banc.
« Tant pis pour toi !
– On s'amuse quand même ! »

Les deux sœurs courent
en se tenant par la main.
Et elles tombent.

Noé n'aime pas voir
ses sœurs pleurer.
Noé n'a plus envie de bouder,
il va vite les consoler.

Léa et Ana lui font des bisous.
« Tu es notre chouchou ! »

Noé est fier d'être le frère
de ses sœurs.
C'est fini pour aujourd'hui,
il n'est plus jaloux du tout !

Je joue pour bien lire

1 **Regarde** bien la couverture du livre et **retrouve** la bonne étiquette.

a.

b.

c.

d.

e.

f.

Réponse : étiquette f.

2 **Lis** les syllabes.

bou pou mou rou lou

sou fou chou dou

tou nou vou

3 **Entraîne-toi** à lire les mots.

cheveux

bisou

poésie

cantine

cartable

Je joue pour bien comprendre

1 **Remets** les images **dans l'ordre** de l'histoire.

a.

b.

c.

d.

Réponse : b, d, a, c.

2 **Montre** quel personnage parle.

a. Mia **b.** Bob

3 **Réponds** par vrai ou faux.

a. Noé n'aime plus son sac à dos.

b. Ana lit la poésie.

c. Noé et Tim jouent au loup avec Bob.

Réponses : 2) Mia. **3)** a-faux : sac à dos = cartable ; b-vrai ; c-faux : Noé et Tim = Léa et Ana.

Retrouve les histoires
de **Je suis en CP** pour t'accompagner
tout au long de l'année.

1

C'est la rentrée !

Dispute à la récré

Le nouveau

C'est l'automne !

Alerte aux poux !

La fête
à la cantine

Journée
à la ferme

Un chien
à l'école

Il neige !

Noël à l'école

Jaloux !

Quelles histoires as-tu déjà lues ?
Quelle est ta préférée ?
Lesquelles aimerais-tu lire ?